JN409903

최종식 시집

삶 그대 사랑

성원

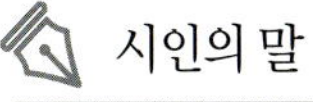 시인의 말

날개를 쭉 펴고 훨훨 날았으면

하늘을 보면 하늘이 만든 변화가 있고, 땅을 보면 땅 아닌 땅의 속성이 있다.

나무는 그냥 나무가 아니고, 온갖 미물들도 그 나름의 생태가 있듯이 어느 날 내가 본 세상은 그냥 세상이 아니었다.

하늘을 보면 그 속으로 들어가고 싶고, 밤하늘에 수놓은 별들의 속삭임, 떠 있는 달덩이, 풀 한 포기, 온갖 미물도 모두가 내 친구였고, 모두가 내 속에 있었다.

흐르는 냇물의 그 물빛과 물결 소리가 그리도 정겨울 수가 없었다. 바다를 보면 바다는 마음의 고향이요, 내 꿈의 고향이었다.

바다와 나무가 만든 청색 연두색 녹색에 난 그 푸름에 빠져 어린아이 마냥 그냥 '와' 하고 소리를 질렀다. 세상이 이리도 아름다운데 보지 못하고 듣지 못하고 살아온 길 이제 조금씩 느끼고 보듬으며 살고 싶다.

더 나아가 세상에 보이는 것, 느끼는 것, 꿈꾸는 것, 들은 것, 맛본 것, 아픈 것, 맡은 것 등 이 모든 현상을 내 안에 녹여 가치를 부여하고 그것이 공감으로 갈 때 난 더 행복해지고 더 살맛나는 삶을 살 수 있을 것이다. 또한, 그것은 꿈꾸는 바다의 소망이며 삶을 사랑하는 방법도 될 것이다.

그동안 시 활동을 할 수 있게 지도해주신 황금찬 선생님, 장병훈 회장님, 홍문식 회장님, 김진원 회장님 그리고 한국생활문학 회원님께 깊은 감사를 드리면서 더욱 시 창작 활동에 정진할 것을 마음으로 다짐해본다.

2016년 10월 20일

최 종 식

차 례

봄 1

따뜻하고 포근하여
온갖 꽃들이 피어나는 세상이 참 아름답다.

푸르러서 너무 푸르러서 좋다.

여름 2

차 례

가을 3

노란 잎, 빨간 잎이 풍요롭게 세상을 물들게 하여 참으로 좋다.

나무는 잿빛으로 변하고 하얀 백설이 내리니
이 또한 좋지 아니한가?

겨울 그리고 삶 4

1 봄

따뜻하고 포근하여 온갖 꽃들이 피어나는 세상이 참 아름답다.

산책

하늘과 대지가 하나 되어
한 치 앞이 안 보이는 새벽
뚝방길 올라서니
시냇가 흐르는 물은
안개꽃 스멀스멀 피어나고
시든 들국화
하얀꽃을 피운 갈대는
안개속에 묻혔다
걷는 발밑마다 가을의 잔해는
찬서리 하얀꽃 피어나서 死는 生이로다
쓰러진 들꽃도 하얀꽃 피워
가만히 만져보니 뽀송뽀송 사르르 녹는다
일장춘몽인가!
싱싱하던 메타세쿼이아는 살점을 버리고
떡갈나무도 제 허물을 벗어 차곡차곡 쌓였다
밟는 발길마다
사각 부스럭 사각 부스럭
함께 밟는 소리와 어울려
안개는 울을 치고
연인의 다정함에 아침 한기가 걷힌다
산마루 오르는 길
안개 속에 훌훌 벗은 나무는
내일을 기약함이니
그 오르는 길 상생이로다
정상에서 긴 숨 함께 쉬고
바닥에 이르러 안개는 걷혔는데
걸었던 그 길은 꿈속 같구나

찔레꽃

가시가 돋아
찔레라고 한다네

어릴 적
한 움큼 꺾어 쥐고

껍질째 먹던
향수가 스미는 그 찔레꽃이

온 산에
하얀 수를 놓았다

사과
이팝나무
배
아카시아
모두가 가진 새하얀 꽃이지만

그중에
추억이 담긴 꽃이어서 더욱 정겹다

입으로 호호 불어도 보고
손으로 한 움큼 흩어 불어도 본다

훌훌 날리는 꽃잎은
향기를 담아 어린 시절로 날아가려니

꽃향기에
답하여 돌아오소서

제비꽃

겨울 문 내리고
대지가 활갯짓하면

파란 잎 다섯 장
외마디 줄기

애처로운 보랏빛
꽃잎 다섯 장이

언제나 먼저
봄을 알린다.

널 보면
설레는 애잔함으로

청순한 소녀의
머리핀 생각도 나고

봄마다 느끼는
그리운 얼굴도 보인다

보랏빛 좋아하던
그 아이 얼굴도 보인다

웃음이 주는 행복

오월의 여왕 푸르름
그저 싱그럽기만 하여
눈물이 나려 합니다

어제 같은 빛바랜 추억도 없는 삶을
가슴에 담아 물들인다면
저 푸름이 무의미 하려 합니다

함께 하는 마음이 있고
같이 마중하는 깊은 정 주는 이 있어
푸름이 물들어 웃음이 절로 솟아오릅니다

솟아나는 웃음을 넘겨주어
푸른 행복이 물든다면
나 그만큼 행복을 마중하렵니다

주는 마음 웃음으로 맞이하고
행복의 갈림길에 서 보렵니다
웃음이 주는 행복을 찾기 위해서 입니다

오죽烏竹

그 마른 땅을 헤집고
쏘옥 올라와 며칠 만에 성장을 멈추고
며칠이 지나면 몸집이 까맣게 변하는 너
너 자라는 모습을 보며
흔하지 않기에 귀하다 하고
곧기에 정도라고 말하며
급성장하기에 놀라고
검기에 눈길을 끌지만
그 속내야 알 수 있으랴

속이고 속는 인간사에 비하면 그렇지 않은가?

표면만으로
흑인이면 다 곧다는 건 아니고
유색이면 다 정직한 건 아니지
오죽의 마디마다 모질게 자람
그것만이라도 배워야지
겉과 속이 다른
그것만은 안 되겠지

양수리

양수리 서쪽 산기슭에
수종사가 있는데

그곳
보살들의 차 공양을 위한
허름한 작은 누각 하나
그 옆 전망대에서
양수리를 보라

햇빛을 받아 넘실대는 물결이

검룡소에서 발원하여 5백여 킬로를
굽이굽이 애환을 담고 흘러
여기 와 있고

가슴을 막고 있어도
남북의 길 막고 있어도
그 어찌할 수 없는 흐름을
그대로 한 채
여기 와서
둘이 만났구나

만남이 황홀하여
헤어짐이 애잔하여
빙글빙글 돌다
만드는 그 물결은 한이 되어
바둑 칸처럼 칸칸이
건너가려 하나니

그 모습
그 애절함이
민족의 한과 같구나

이제 한곳 머물러
한양 가려 함을 아쉬워
저 앞산이 조용히 가두고 몰아

쉬엄쉬엄 가라고
작은 출구를 만듦에

나 가슴 조국을 위하여
너 조국을 위한 가슴을 만들어
양수리에 남기며 서해로 간다

* 경기도 양평 수종사 전망대에서 양수리를 보며

아침 정경

아침에 눈 들어 하늘을 보며
청아하고 해맑은 푸름에
가슴과 몸 다 던진다.
푹 빠져 버리고 싶어서

먼 산 눈 들어 바라보며
아침 햇살에 밟힌 푸른 산에
영혼과 몸 다 던진다.
녹색과 연둣빛 삶을 갖고 싶어서

저 건너 흐르는 남대천을 바라보며
넘실대는 초록빛에
하루 희망을 담아 재운다.
오늘이 아닌 내일을 갖고 싶어서

아직도 잿빛을 벗지 못한 논밭을 보며
경운기 탈탈대는 소리에
농부의 부지런함을 담는다.
미래를 위해서

자! 이제 털고 일어서자
만물이 다 살아 있으니 일어서자
훌훌 털고
하루를 위해서

새싹

아무도 관심 없고
그냥 잠자는 너에게
무심하기만 하다

가녀린 햇살 뭉쳐 내리던 날
안으로 움츠렸던 가슴
살며시 겉옷을 벗는다

더 깊은 곳에서
덜 깬 잠을 이기려던 노력도
아무 소용이 없었나 보다

밀치고 들어 올려
용솟음치더니
겨울잠을 깨고 말았다

연두 잎 하나 생명의 소중함
이제 한 겹을 벗고
희망이 된다

쏘옥 올라온 너의 모습에
잠긴 가슴 멍든 가슴
또 다른 희망이 된다

산을 보면

이 산 저 산이
살아 꿈틀거리는 감동을 준다

드러누운 자태를 뽐내는가 하면
자락을 드리워 곡선미를 뽐낸다
움트는 생명을 주는가 하면
꽃으로 단장하여 화판을 만든다

짙푸른 녹음이 뭉실뭉실 삶의 잉태를 하는가 하면
녹음에 묻힌 희망의 보금자리가 된다

무서리 찬바람 일 즈음
봉우리 저쪽부터
수놓은 비단옷도 입는다

넌 가만히 있지 못하는 역마살 인생
살아 숨 쉬는 다이내믹 인생이다

오늘도 말없이 가만히 주는 너의 선물로
행복한 가슴 되어
너를 보고 있노라

봄이 오면

얼음이 제 살 도려
눈물 흘릴 제

버들가지 생명의 신호
솜털 방망이

민들레 노란꽃
눈길 모으고

겨울이긴 보리밭엔
연둣빛 푸름

붉은 입술 활짝 연
산과 산에 진달래

목련도 옷을 벗고
흰 살 드러내
복사꽃 능금꽃과
무릉도원 만든다

물기 오른 연한 싹은
하늘 사이로 애처롭고
쏟아지는 햇살 사이
초록빛 띄워

포근하고
싱싱한
따스함으로
봄을 맞는다

한반도의 봄이여!

2월 말 서릿발 치밀어
대지는 공중에 떴다
3월 중순 햇살가득 내려
언 땅에 입 맞추면
부풀어 올랐던 자국은 아물지만은

60여 년 철조망에 나뉜 남과 북은
자연의 섭리도 어기고
천안함, 연평도 포격까지
얼어붙은 이념은 이리도 박절한가

피 끓는 부모 형제자매 절규가 들리누나
동토의 땅도 아닌
사계절 아름다운 선택된 이 땅에서
늘 부끄러움이 앞선다

얼고 풀리는 순회이거늘
그들만이 모른다
모두가 행복이라면
누가 다른 길을 가겠는가

이념만이 내 안에 있어
행복을 박찬다
서로라는 말
그 자체 거처가 없다, 뜬구름이다
얼마 전 아름다운 해변에 쳐졌던
철조망이 사라진 백사장을 보니
마음이 활짝 열린다

이 땅에 처진 철조망 그건 명분일 뿐
마음에 잠긴 사슬을 풀
그 무엇이 필요하다
한반도의 봄이여!

봄비에 지는 꽃

봄비에 꽃들이 눈물짓는다
봄비에 꽃들이 아파한다
감동을 주는 순간이 짧았는데
더 보고 싶음에 다가갔는데
화사함도 감명도 빗물에 씻겨간다

산을 오르는 안개는 아는지 모르는지
훨훨 머리 풀고 산만 오른다
운동장에 내리는 빗방울은
동그라미 물방울을 만들고
차가운 봄비는 꽃님을 앗아간다

창밖을 보는 마음은
떨어지는 나뭇잎 같아라
비에 지는 꽃잎 같아라
지는 꽃 아파하는 꿀벌 같아라
진달래꽃 놓인 그 꽃 밟고 가시는 임 같아라

봄맞이

겨울의 끝자락 3월의 눈
이제 그 긴 동장군을 이기고
새싹을 틔우려는데
부질없이 삼월의 눈이 펑펑 내렸다

버들강아지 꼬리를 내밀고
느티나무는 가지 끝에 붉은 눈시울 하고
단풍나무도 새싹 돋아 붉히는데
펑펑 삼월의 눈이 내렸다

봄 오는 소리 들으려 했건만
가지마다 앉은 눈은 마음만 서둘러
성급한 기다림에
버드나무 한 가지 느티나무 한 가지 꺾었다

창가에 두고 매일 만나 봄 오라 속삭였더니
열흘 남짓 자고 나서
연둣빛 가냘픈 잎 쏘옥 내밀어
봄 먼저 가져왔다고 임에게 전하란다

봄 눈

늦봄 눈이 내린다
오면서 녹을지라도
고집부리고 계속 내린다
20cm는 왔겠는데
지칠 줄 모른다.
앞산도 하얗고
뒷산도 하얗고
때 묻지 않은 순결 숨통이 트인다
잿빛 나무 사이에 햇살이 먹고 간 잔설만으로
만족하려 했는데
구멍 뚫린 하늘은 폭설의 광란
그러나 그리울게지
작렬하는 태양이 오면

봄 그리고 그대

햇살 좋은 날
움트는 소리 들린다

훈풍 불어오는 날
그대 숨결 들린다

꽃봉오리 내밀던 날
그대 홍조 띤 모습 보인다

살랑살랑 봄바람
꽃나비 함께 날면

그대 가슴속 가슴에 스민 추억에
흠뻑 빠진다

라일락 향기에 묻혀

어슴푸레 어둠이 내린
강 건너 저곳에
모락모락 피어오르는 연기는
옛날 고향 생각으로 초대되고

벚꽃 눈서리 내려
때 아닌 진풍경이 벌어진 곳

그 속에 남은 건
노송과
두 그림자 뿐

꼬옥 손잡고
온기 속에 바라보는
흐르는 강

쪽빛
갈색
은빛
그 물빛 변화무쌍에
사랑 노래 싣는다

마지막 여정
조각상 툇마루에서
따뜻한 커피를 마시며
가로등이 만든 울타리에
정겨움과 다정함을 넣고
잠시 그곳에 묻혔다

휙 스치는 바람에
라일락 향기마저 온몸에 스미니
헤어짐이 애잔하여 바라만 본다

두루미 열두 마리

잿빛 하늘에서
후드득 후드득 빗방울이 떨어져
경포호 방울방울 물결이 일제
넓은 호수 한 곳에 12마리 두루미
조각처럼
솟대처럼
앉아 있구나
어, 저놈들 봐라
앉은 모양 참으로 다르구나
어떤 놈은 긴 목을 쭈욱 뽑고
어떤 놈은 목을 잔뜩 움츠리고
어떤 놈은 꼬리를 물에 대고
어떤 놈은 북쪽
어떤 놈은 남쪽
어떤 놈은 동쪽
어떤 놈은 서쪽
어떤 놈은 그 사이사이를
거참,
한 놈도 가운데를 보지 않다니……
저 자세는 또 뭐람
왜 저리 꼼짝도 않지
긴 목을 있는대로 뽑고 무얼 보냐
저 건너 흰두루미를 보는가?
아님, 님을 기다리는가?
아님, 자고 있는가?
아니다

한 놈이 비상한다
긴 목을 잔뜩 당기고
긴다리를 뒤로 쭉 뻗고
한발은 더 되는 긴 날개를 휘적휘적
허공을 나는구나
비상은 잠시 호숫가에 앉자
또 한 놈이 비상하여 그 뒤들 잇는구나
모두 날 것인가.
남은 열 마리는 그 모양 그대로
머언 곳만 본다
누굴 기다리는 걸까
경계를 서는 걸까
먹이를 찾는 걸까
묻고 싶지만
그들만의 세계를
그들만의 자유를
그들만의 법칙을
내 어찌 깰 권리가 있단 말인가

녹차에 묻혀

모락모락 피어나는
향 담은 신기루
그윽한 그 향기가
이 맛 같은 저 맛으로

달콤하고
은은한 맛
숭늉 같은 그리움으로
방안 가득 채운다.

또 다른 시간을 보내면
맛 다른
또 다른 맛

입에 대고
혀에 묻혀 보고
코에 대고
미소 지으며

녹차
녹차
녹차

아!
그 맛을 어이 잊으랴

노을

바다가 원을 그리고
구름이 산을 만들어
어둠이 내리려 애를 쓴다.

하늘 맞닿은 바다 저 위로
돛단배 하나 띄워
반짝이는 불빛으로 해를 만들고

그 위로 솟아오른 커다란 화판에
형용할 수 없는 붉음으로
서쪽 하늘이 탄다

마음은 온통 붉은 화판
만지려 가지려
가고 또 가고
사라질까 두려워 쫓아간다.

구름 산 골짜기 골짜기로
수평선 그 너머까지
멀리 멀리 수채기법으로 물들인
연분홍 아름다운 하늘에 묻혀
무지개 끝 보물 찾듯
쫓아간다.

아!
무엇이 더 있을까
그 황홀한 자태
어둠이여
조금만
조금만
더 기다려 다오

꽃샘 추위

회색빛 나무에 파란싹 내리는데
삼십 육년만의 찬서리 바람 불었네

산목련꽃 피우려 강아지꼬리 같은 촉 틀어 올리는데
눈, 바람, 삭풍 불었네

장미싹 뾰족이 내밀어 예쁜꽃 피우려는데
황사 찬바람 불었네

내 마음 따뜻해지려는데
찬바람 불어 가슴 움츠려 들었네

옷가지 모두 장롱 속 꼭꼭 숨겼는데
흰 눈 내려 성급함에 가슴 쓰렸네

봄 오는 소리 분명한데
시샘하는 틈새에 나 끼고 너 끼여 꼼짝 못하네

기다림

오가는 전화로 주고받는
밝고 맑은 대화에는
생명과 행복이 들어 있어
오가는 길이 추억으로 물든다

벨 울리면
그대이겠지
스치는 뇌리에 흥분되고

전화벨 없으면
그 쪽만 바라보다 목마른 기린 되어
기다리다
기다리다
허전함으로 가슴이 두근댄다

그리도 많은 대화인데
또 기다려짐은 전생에 못한
한이 서려 그런가?

고사리

아주 작은 손 고사리손
흙 밀치고 나뭇잎 밀치고
오늘 아침 쑤욱 올라 왔다.

수줍은 듯 고개 숙이고
잎을 돌돌 말고서
긴 목 쑤욱 내밀었다.

하필이면 그 것이 눈에 띄어
그 여린 것을 뚝 꺾어
제사상에 올려야지, 추어탕에 넣어야지

인생사 그런 것
여린 것이 남아나지 않는다.
그들의 먹이 사슬 때문에……

백령동굴

흰 구름이 넘다 머무는 백운산
동강의 여울이 감싸 안는 그 자락
천연기념물 백룡동굴이
그 모양 그 모습인 채
지하세계에서 살아 숨 쉰다
아! 그곳으로 가느다란 불빛
등불 하나로
엎드리고, 기고, 포복하여
어둠 속을 살피면
인간사 악착 같아
어느 곳이든 참견했건만
그냥 그대로 두어
절경 중 절경이라
삿갓 모양인 석순이
대나무속처럼 빈 종유관도
천정에서 내린 피아노 종유석
동굴방패, 석화, 베이컨시트
이는 그들이 창조한 세상
기다림의 산물들이다
이와 함께 어울린
어둠의 박쥐와
물속 투명 생명체는
또 하나 생명계
암석이 쉼 쉬고
암석이 자라고
함께 하는 생명들이
이 깊은 곳에 존재한다니
그저 신비로울 뿐이다

백운산

하얀 운무가 머무는 곳
동강을 두르고 높이 솟았다
문희 마을에서 출발하여
칠족령을 오르니
칠족령에서 보이는 동강의 푸름
굽이굽이 돌고 돈 강 美灘(미탄)이라
감싸듯 둘러친 병풍
깎아지른 절벽 독야청청한 소나무
잿빛 떡갈나무가 어우러졌다.
칠족령을 뒤로하고
백운산을 오르면 고개마다 절벽이요
구비마다 절벽이라.
다리가 저려오고 소름이 끼치니
머리는 아찔하다.
한발 한발 돌 층을 밟고 감이니
굽이굽이 돌고 흐르는 동강
여울 보는 진풍경에 힘든 오름을 잊는다.
정상에 올라 822고지에서
또 한 번 둘러보는 진미
홀로 우뚝 서 사방이 훤히 뵈고
멀리 겹겹이 쌓인 산은 울을 둘렀네.

저 아래 뵈는 푸른 물결은
한강의 젖줄이며
옛 사람들 뗏목의 생명수
아! 떼꾼들의 아라리가 들려온다
옛것은 사라지고 없으되
홀로 남은 저 물결
쏴아 지르는 소리
그 소리는 예나 지금이나 같은데
절벽에 남은 상처만이 세월을 노래함이니
흰 구름 머무는 백운산아

* 백운산 : 강원도 평창군 미탄면 마하리 백룡동굴을 덮은 산

앵두

하얀 꽃이 흐드러지게 핀 앵두나무
벌과 나비가 찾아들고
꽃잔치가 벌어졌다.

하루 가고
이틀 가고
세월 가서

파란 잎 돋아나고
줄기에 옷 입히면
빨간 앵두 달리겠지

너 하나 따주고
나하나 먹고
그 단맛에 취하면

앵두 같은 입술
앵두 같은 그 맛에
달콤한 가슴에 행복하겠지

등나무

오월의 푸름이 산을 에워싸
연두와 녹색으로 수 놓이면
사이사이 수놓는 꽃
복숭아꽃 산 벚나무꽃이
산수화를 만든다

오늘은 등나무꽃이 주렁주렁
포도송이 만들었다
그 알알이 뿜어내는 향기에
푸름은 더해만 가고
자주빛 꽃은 바람에 일렁인다

욕망의 탐스러움일랑
푸른 웅덩이에 버리고
등나무 주렁주렁 풍요를 닮아
마음을 힐링하고
답답한 마음 치유하고 싶다.
사랑하는 마음이 온누리 퍼지도록……

여름 2

푸르러서 너무 푸르러서 좋다.

활엽수

움츠리고 옥죄면서
기다림을 머금고
자기의 허물을 스스로 벗어 던지며
발가벗은 몸으로 냉습한 그 고통을 견뎌
환희의 몸 되기를 기다렸다

때가 되면 순리에 맡겨질 자연스런 모습도
그 때야 제 허물 벗은 것도
순회의 잉태임을 알겠지만
외로이 한없이 기다렸다

태동은 말없이 다가오고
찬서리 찬바람은 화풍에 이끌려 멀리 도망쳤다
노곤한 마디마디는 기지개를 켜고
제일 끝에 뾰족이 연둣빛 싹을 피웠다

나날이 달라질 일이건만
무언가 새로움이 샘솟고 활기가 넘쳐
아이디어가 창출 되고
인생 새 계기를 만들 것 같다

풍성한 오월이 오면
연둣빛은 사라지고 짙은 녹색 무덤을 만들겠지
걱정 없이 행복을 누리는 삶에서 보듯 그렇게 말이다
그러나 풍성함도 잠깐 일 뿐
영원함은 없는 것
제 몸을 부풀이고 나이테를 만들면
인생에 고비가 찾아오듯
그 푸름도 색을 잃어 누렇고 빨갛게 변하겠지

모든 걸 버리고 제 본연의 모습인 벌거숭이 되어
초라한 회색 모습으로 순회를 기다리겠지
뾰족이 내미는 연둣빛 싹 틔울 때까지

나팔꽃

까만 알갱이 하나
파란 플라워 박스에 심었다

어느 날 쏘옥 내민 쌍떡잎 사이
녹색잎 나와 줄기 만들 때

오이 그물 높이치고
올라가길 바랐다

고집 센 성질하고는
줄 아님 안 된다니

내 맘대로 올려보니
어느 날 끝순 말라 죽어 있다

성질하고는
애간장 말라 그랬겠지

줄 따라 오른 싱싱한 줄기
하트 잎새마다 맺힌 보랏빛꽃

속 알이 멍든 가슴 뱉어
하늘 보며 나팔 불고

해님 보고 소리 질러
나팔꽃이 멍들었다

속상해서 빨간 멍들고
한 맺혀서 파란 멍들었다

그건
고집 센 네 성격이 피를 토해 낸 것이겠지

꿈꾸는 바다

내 첩첩 산골 근무 할 때
앞을 보아도 산이요
뒤를 보아도 산이요
밤하늘 별이 쏟아지고
달그림자 드리울 때
바다가 그리워 꿈꾸는 바다라고 했지
바다를 보면
그 빛깔이 주는 감동은 천만가지
먼 수평선 너머를 보면
마음이 뻥 뚫렸고
흰 포말을 머리에 이고
앞서거니, 뒤서거니
그리움을 싣고 오는 파도는
가슴 시렸고
수많은 그리움의 알알노
모래사이에 숨었었지
오늘 본 바다도 그 때 같은데
난 어이 할꼬
변함이 없는 것이 바다라면
인생은 세월 가서 바래고
포말 같은 흰 머리카락만 늘어간다

불빛

등산길에서
조금 더 조금 더 가다보니
까만 밤
오지도 가지도 못하는 지경
목표를 향하여 갈 수 밖에
성취한 마음이야 행복했지만
돌아오는 길
밤 시야는 오로지 어둠뿐
물소리 새소리 아름답지만
그건 밝음이 줄 때이지
어둠은 즐거움 행복도 없다.
발에 차이는건 돌부리 뿐
사랑도 앗아가고
두려움만 솟아오르고
어둠 앞엔 내외가 없다.
핸드폰 켰다 켰다
그 것만으로도 위안인 것을
건전지 아끼려 적응하란 말은
야속하기만 하다.
어느 휴게소가 보일 때
손전등을 받아 쥐고서야
아! 불빛
고마운 것을

비 온 후 산처럼

해맑은 하늘에
뭉게구름 한 점 한 점
먹구름 만들더니
소낙비 내려
나무도 씻고
풀도 씻는데
경제가 바닥이라 답답한 마음
일자리 없는 답답한 세상
갈아야 한다는 비수 꽂힌 마음
나무 씻듯
싹 씻어
비 온 후 보이는 산처럼
맑은 하늘 비취빛처럼
답답한 세상 환해졌으면
때 묻은 세상 훌렁 벗겼으면.

비오는 날이면

파란 하늘에
한 점 한 점 구름조각 덮이면
파란 하늘은 먹구름 되어
뚝뚝 물방울이 내린다.

어느 날이었던가
가랑비가 오고
어느 날이었던가
소낙비가 오고
어느 날이었던가
진갈비가 내려
비에 대한 억척같은 추억들이 쌓여
가슴에 하나하나 묻었다.

어제 것 하나 꺼내고
내일 것 하나 꺼내려면
오늘 내리는 비는 추억의 중심이다.

오늘 이 비는
임 향한 그리움이요
어제 온 그 비는
우산 속의 다정함이며
열기의 소산이다.

내일 내릴 비는
그리움 다정함을 못 채운
그저 애잔함 뿐일테지.

그렇게 만든 추억은
그 어느 것도 기울임이 없으니
오늘 비로 우수에 젖어 애잔함만 남는다.

* 진갈비 : 진눈개비 강원도의 사투리

뿌리

봉숭아꽃
백일홍
채송화
과꽃에서는
다정한 남매가 보인다

헛간
장독대
싸리 울타리
빨래터에는
먼저 간 어머니, 누이가 보인다

호롱불
등잔불
바느질 깁는
한숨 섞인 소리
고향집이 보인다

지게꼬리 물고
따라오는 동생
놀고픈 마음 다 빼앗아
동무하자 데려가는
형아 심술이 보인다.

세월은 가고
다시
봉숭아
백일홍 만발하여도
안개속 뿌연 미로일 뿐
이미 가신이 올 줄 모른다.

솔바람

팔월 불볕 더위
산속에서 듣는다.
솔바람 소리

쏴-아 쏴-아
반갑게 온다.
소나무 위로

스르르 나무 사이로
속삭임을 보낸다.
뭇 잎사귀에

너울너울 흔들고
살랑살랑 춤춘다.
속삭임에 신난 나뭇잎

솨-아 솨-아
소리만 들어도
가슴속 시원한 솔바람

아름다운 여울

아름다운 여울이
청옥산 허리를 돌아 흘러
동강에 맞닿고

수려한 능선을 따라
푸름의 늪이 잉태하였구나

맑은 하늘을 유유자적 흘러가는 구름
그 변화무쌍은 인생의 우여곡절이며
점점이 놓여 있는 촌락은
숨 막히는 고요로세

계곡을 낀 구릉지에는
소 한 마리 앞세우고
할미는 소 끌고
노인은 이랴! 이랴! 소리친다

언제 저 논 밭 다 갈 것인가
시간이 흐르고 비닐이 씌워지어
파란 곡식이 보일 테지

그 속에 앉아 삼복더위를 이기는 저 인내
참지 못함을 핑계로 뛰쳐나온 이들이여
본받을 점이로세
다락다락 붙은 논에서는
모내기가 한창이더니
갈색은 뵈지 않고 녹색 비단결이다
아름다운 여울이 적셔준 은혜인 것을
모두가 이렇게 자연의 선물인데
역행하며 얻을 것이 무엇 있으랴

양들의 고향

대관령
870고지

산마루 따라
확 트인 끝없는 초원

세찬 바람에
나무들이 누워 잠자고

양들은 하얀 제 몸 풀잎에 섞어
초원의 반점이다.

하나 뿐인 긴 의자엔
다정한 연인

삼삼오오 초연히 풀을 뜯는
양들의 친구

그 순진한 양들의 표정과
연인의 다정함으로

잘 어울린 동화 속 나라
너무도 평화로워라

오후

비오는 오후다
멀리 안개가 산위로 꼭대기로
달려간다

지리산의 안개만큼이나
가슴에 담긴 미로만큼이나

주룩주룩 내리는 그 비를 보면
포장마차가 그리워지고
따뜻한 어묵 국물과
인생이 담긴 막걸리가 생각난다

다정한 한 아이가 생각난다.
못다한 말도 못하는 바보 같은 아이들이
술잔만 기울이는 모습이 보인다

우산을 쓰고 온기가 느껴오는
다정한 연인이 보인다

너무나 짓궂은 오후가
망상의 세계로 자꾸 간다

자개골 그 녹음 속에서

노추산 자락을 끼고 돌면
자개골이 선보인다.

그 자개골을 위로 또 위로 더듬으면
푸른 녹음 터널과
하늘이 풍덩 가라앉은 시냇물

때묻지 않은 맨 흙바닥 길이 있다
그 길 위로
20세 소녀 소년이 걷고 있다

흐르는 세월 뒤로 하고
오는 세월 동여매며
그렇게 걷고 있다

간혹 들리는 멧새 매미소리는
걸음걸이의 행진곡이요
사랑의 음률이다

천년 바라지 않는 바위는
쉼터를 제공하고
자리 앉기를 바란다

길가에 핀 망초꽃은
티 한 점 없는 공기를 들이쉬고 내쉬며
하늘거림으로 뽐낸다

나리꽃은 붉은 입술로
붓꽃은 청초한 보라색 입술로
녹음 속에 홍일점 되어 임 기다린다.

이 모든 것에 세상사 뒤로 하고
녹음 바다에 푹 빠진 순간
행복에 겨워 눈물겹다

자연의 신비

파란 하늘은
희망의 천사요

쏴아 흐르는 물은
올곧음의 잣대다.

잔잔한 바람은
배려의 표상이요

나무와 나무는
밀어의 화신이다.

푸르른 나뭇잎들은
우정의 여신이며

이름 모를 산새는
지지배배 숲 속의 요정이다.

뻐꾸기는
비련의 신데렐라요

꾀꼬리는
유아독존 공주로다.

노랑
보라
빨강
파랑

꽃들은
숲 속의 병정이며

우뚝 선 바위는
지상의 대장군이다.

큰 산 작은 산은
만상을 빚고

그 위에 얹힌 숲은
푸른 비단결이다.

얽히고 설킨
이 맺음을 보노라면

조화와 신비
신비와 평화로다.

* 강원도 평창군에 있는 금당계곡에서

하늘을 보라

잠깨자 하늘을 본다
땅보다 귀한 하늘을 본다

비취빛 하늘 창문을 열고
깊고 깊은 푸름에 둘러싸인다

그 속으로 빨리어
신선한 마음에 눈물이 괸다
어디서 오는지 모를 감격이 온다

저 멀리 산 위로 펼쳐진 하늘을 본다
저 푸름 속에 영혼과 육신이 헤엄친다
온 마음 다 빼앗기고 만다

갑자기 나타난 구름 자취를 본다
온갖 형상의 구름이 가려지면
마음이 아파 온다
저 푸름 애틋해 눈물이 난다

하슬라의 오월

正東 해오름
이 곳
낮이면 해가 밝히고
밤이면 별과 달이 밝혀
燈明이라

燈明 조각공원 하슬라
전망대 오르자
青玉 바다는
가슴으로 밀려온다.

아! 탄성을 지르려니
저 멀리 수평선은
무지개가 원을 그리고
유유히 떠 있는 배들은 한 폭의 그림

길 따라 오르며
솔숲 묻혀 나는
솔가지 늘어진 바다에 떠 있다.

구비 구비 숲길
천혜의 공기 온몸 감싸 안으니
마음은 풍선, 숲 속 둥둥 뜬다

시공간 조형물에 앉아보니
푸른 바다에
유유히 떠 있는 고기 잡는 배는
왜 그리 여유로운가

아! 눈을 들어 하늘을 보고
어! 눈을 내려 바다를 보고
한 바퀴 빙 둘러 산을 보면
온통 푸름 뿐! 오월의 신비이구나

* 하슬라란 강릉 옛 이름, 하슬라 조각공원 등명낙가사와
정동 썬크루즈 그 사이에 있는 공원

그럴 수는 없을까

산을 보면 산은 그대로이고
강을 보면 강도 그대로이다.
하늘을 보면
하늘도 그대로인데

어느 날 그들이 몰려와
산도
강도
하늘도 제 정신이 아니다.

산이 무너지고
강은 대노하고
하늘은 먹구름
온통
찡그린 세상

누가 누구를 탓하련만
그게 삶 그대로일 수 없을까?
나 아니라고
그러지 말고

모두가 하나 되는
너
그리고 내가 되는
그럴 수는 없을까

흥정계곡

1. 해피 700평창
2. 그 곳에는 흥정계곡이 있다.

높은 산에서 낮은 산으로
펼쳐진 능선 따라
흐드러진 나무들이
만들어 내는 푸르름

그 빛깔이 서로 달라
푸름의 바다가 된다

계곡의 맑은 시냇물은
속이 들여다 보이고
하늘이 내려와 스미는데
나뭇잎 녹색도 함께 춤을 춘다

흐르는 물
내리 부은 푸른 숲
그 사이로 난 좁은 길 따라
두 손 꼭 쥐고 걸어 보라.

온통 햇살 받은 푸름에 갇혀
싱싱함으로 행복하여 눈물 나겠지

아침바다

비갠 가을 아침
원 그리는 바다는 하늘에 닿았고
구름 뚫고 치솟는 일출
황금길이 열린다.

갈매기는 줄지어 이어달리기를 하는데
망망한 푸른 물결은 지난 밤 응어리를 토해
육지로! 육지로!
더 아픈 포말을 모래사장에 토해낸다

출렁이는 파도에 몸을 실은 종이배 하나
어족이 동난 동해 바다에 떠
고단한 새벽을 뒤로 하고
통통 하얀 연기를 품으며 귀항을 재촉한다.

모래사장을 거니는 연인들은
지난 밤 못 다한 사랑꽃을 피운다.
어이 질세라
갈매기도 쌍을 만들어 함께 하고 있구나

앞산

저 능선을 보면
저 계곡을 보면

하늘이 맞닿아
구름이 걸치던 날

언제 사라질지도 모르는
신기루가 되어

하늘에 올라
떠나 버린다.

그리고 세월은 흘러
마루에 남은 군상들

제 살점을 하나 둘 떼어내고
그저 첨병으로 남는다

그들은 혼자 남기 어려워서일까
중턱부터 내려오는 가을의 향연

이제는 훨훨 가슴을 태우는
불꽃이 되었다

모두가 '와' 소리를 질러도 될
불타는 산이 되었다

앞산. 2

저 능선을 보고
저 계곡을 보면

그냥 산이 아니요
변화무쌍하기 그지없어라.

하늘에 맞 닿게
구름이 그린 화폭과

언제 사라질지도 모르는
안개가 만든 동양화가 그렇고

붉게 물드는
노을의 향연과

계절을 달리하여 다른 빛깔을 주던
군상들의 의상이 그렇다

제 살점을 하나 둘 떼어내고
첨병으로 남는 그들과

하얀 눈 세례를 받은
해맑은 세상도 그렇다.

늘 그대로인데 그렇게 움직이며
마음을 앗아간다.

도저히 따를 수 없는
변함으로 행복을 준다

콩 한 알의 의미

콩 볶듯 사는 인생
콩은 왜 튀는 걸까?

비둘기가 좋아해 살기 힘들고
메마른 땅도 좋아 하는 너

혼자 살지 못하는 너
콩깍지 속에서 맺은 형제 인연으로

툭툭 튀는 마지막 순간에도
어디로 가는지 알지 못해도

혼자서 오늘도 휑하니 미래를 꿈꾸지.

찬바람 찬서리
다 내가 안으며 내가 내 것인 것을

잉태의 가슴으로
내일을 준비할 콩 한 알이여

또 하나의 형제와
또 하나의 콩알을 만들 것이니

넌 한 알이라도 외롭지 않구나!
내일의 내 형제를 만들 것이니……

가을³

노오란 잎, 빨알간 잎이 풍요롭게 세상을 물들이니 참으로 좋다.

대관령옛길에서

백두대간의 한 봉우리 대관령이 우뚝 서서
강릉을 굽어보며 동해 바다와 연을 이으니
예서 아흔 아홉 구비 대관령 옛길이로다.

난 작은 새 되어 숲 속을 날며
나무가 만든 동굴 속에서 하늘을 본다

그 넓은 하늘은 한 줌 손에 놓이고
굽이굽이진 길은 음산한 냉기 뿐
그들이 주는 그 내음에 맡겨진 채

옛길 숲 속으로 뚫린 하늘을 본다.

파란 하늘은 조각났고
단풍나무는 붉은색으로
떡갈나무는 노란색으로
소나무는 연두색으로
벚나무는 노랑 빨강 자수를 놓으니

가파른 길인들 어떠랴
굽이진 길인들 어떠랴
이 정경 이 아름다움이 숨 쉬는데

대지는 열 받았다.

하늘이 내린 비
대지가 먹고 다시 올라
하염없이 내린다

대지가 몸살 앓을 때
예견된 일이라면
이 가을 이 비는 정답인가

이제 삶으로 먹고
남기고
버리어

생산으로 만들고
토하고
뿜어내어

건축으로 파고
바르고
그 남김으로

대기를 둘러 울을 친 열기
열 받은 지구여!
루사*, 매미* 넌 그냥 온 게 아니지

요즘 내리는 비도
곳곳의 기현상도
누가 누구를 탓하랴.

* 2002. 8.30-9.1 온 태풍 영동지역 특별재난지구 선포,
매미 2003.9.12.-13 태풍

문득 보니 또 가을

너무도 푸르러 눈물 나던 산의 초록
그 초록과 어울리던 하늘
소리 없이 찬바람 살며시 내려와
대지에 입 맞추어
노오란빛
빨간빛이 모습을 보인다.

노란빛 그대는 당연히 벼이삭
노란빛 그대는 은행잎
풍성해서 좋으련만
인생 황혼을 본다

빨간빛 그대는 코스모스
빨간빛 그대는 단풍 잎
열정이라 좋으나
인생의 환희를 본다

연륜은 황혼으로 오되
열정이 없는 황혼은 희미한 등불 같아
샛노란 벼이삭과
노오란 은행잎
빨간 코스모스
핏빛 단풍
이 가을빛 마음에 담아
소중한 삶의 빛을 만들어 본다

민박

굴구지 하룻밤 지나
아침을 맞아 산책길 가는데
허리가 굽어진 할머니 말씀

노루가 밭에 들어간다고
울을 치면서
어느 집에서 잤누?

저기 저 집이요
얼마 주었는데
15만원이요

아이 우리 집은 5만원인데
3일은 잘 텐데

울진 왕피천 굴구지 마을
정말 어떻게 살았을까?
해도 늦게 뜨고
해가 빨리 지고

그렇게 깊은 계곡에
어느덧 욕심이 생겼다

나눠 먹고
나눠 주고
나눠 받고

그 것이 인심일진대
이제는 간곳이 없다.

세월을 탓하랴
문명을 탓하랴

내 것만을 아는 세상
등 굽은 할머니의 세월이 아쉽다

바다 속으로

햇빛 내려 빛 만들면
계절 따라 주는 빛깔
녹색, 연두, 청색, 비취 빛 바다

저 망망한 넓음
원 그리는 수평선
돛단배 하나도 삶의 터전인
그 물 속의 비밀 찾으러 간다.
1m 2m 5m
어둠과 침묵이 존재하는 곳
물 압력에 고막이 괴롭다.

조금 더 내려가 10m 되면
침묵을 떠난 고요함
수초가 너울너울 춤추고
바닥에 누워 있는 해삼
위로 누우면 고기떼 줄 이으니
함께 호흡하고
함께 헤엄친다.
용궁중에 용궁이라

그 바다에 웬 산이라지만
산중에 산은 바다의 산
홍합 석화 고등 산호가 심어져
바다자원의 보고다

바위산 따라 20m 아래
물 온도 너무 차 소름 끼쳐도
이 곳 이야기
바다 이야기 만들고 싶은데
이제 압축 공기가 한계점이다.
오르자 천천히
5m에서 천천히 상승하자

바다 빛깔

그 날 해금강 바다는
어떤 화가도 만들지 못하는
그 빛깔을 만들었다.

신선대 층층 너래 바위
넙죽 엎드려 보니
하늘과 옅은 구름뿐인데

바다 물 속 무엇이 있기에
하얀 모래 놓여 있는데
그 색깔 비취빛 보다 고운 청아함인가?

고려청자 조선백자도 아닌
비취빛 너머 그 색깔
그저 도취되고 말았다

참 고운 빛
그저 아름다움을 표현 할 수 없어
넋잃고 바라만 보았다

* 2011. 01. 11 거제도 해금강에서

백운산방

아름다운 여울 굽이굽이
아라리라 문희 마을
빼어난 백운산 기슭
백운산방 하나 있으니
앉아서 떠억 바라보니
능암덕산 자락 따라
동강이 유유히 흘러 벗하고 있구나
좀 더 앞을 보니
동강이 허리 두른
칠족령이 마주하고
구름머리에 인 먼 산은
첩첩이 에워 쌓여 울타리를 만들었다
여기에 앉아서
동박 꽃잎 차 음미하며
마음 놓고 쉬어 가면
이곳이 선계(仙界) 아니겠는가

* 미탄면 마하리에 있는 산방

산에 어둠이 내리면

해가 산골 마을로 내려와
이 곳 저곳 숨바꼭질 하며
햇살 고운 마음으로 구석구석 챙긴다

이 집 저 집 모두 챙기고
한 고을 지나 또 한 고을 올라
산등성이로 힘겹게 오르면
산봉우리는 태양의 신전이요
구릉지는 어둠의 신전이다.

이 때 쯤
저 멀리 산등성이
태양이 마지막 산 너머로 머리 숨기면
산봉우리가 그림을 그린다.
너무 선명한 山平線을 그린다.

그 모양
달리는 말인가
여인의 누운 자태인가
낙타의 등인가
초병들의 불침번인가
헤아릴 수 없는 군상들

먼 산 가까운 산
마음이 만든 형상이
만물상을 만든다

진한 그리움

그리움의 여로와
여정의 대화가
앙상블 되어

가을의 단풍과 함께
쏟아진다.

하늘을 보노라면
밝은 달과 별이 함께 노니고

마음에 있는 아름다운 날갯짓은
바다의 파도와 함께
그리움으로 일렁거린다.

"가려거든 오지마라."
여정의 글귀 마냥 깊은 뜻 얼싸 안으며
촉촉이 젖어드는 그리움에

사랑의 노예가 된다.
벗어나지 못할 사랑의 노예가 된다
그리움의 노예가 된다

별

초겨울 저 멀리 달빛 드리우고
별 하나 나 하나
별 둘 나 둘
반짝이는 별들이 수놓이면

산골마을 세평 반 하늘에는
별빛 물결이 인다

입 벌려 하늘 저 멀리 눈 박으면
별이 소낙비 된다
별이 쏟아진다

산골마을 하나둘 불 꺼지면
더욱더 쏟아지는 별빛에

나 친구 되고
너 친구 되어

가슴마다 별이 고여
초겨울 밤이 정겹다

참새들

하얗게 눈 내린 날
삼테미*를 나무 막대로 고여 새끼줄을 연결 하고
벼이삭 한줌 훌훌 뿌려 놓고

문구멍으로 숨죽여 응시하며
참새가 모여 먹길 기다리던
어린 시절 생각난다

참새는 나의 작전 알았는지
주위만 빽빽 돌며
그 밑으로 들어갈까 말까 약만 올린다

한 마리 잡아 보려는 심산인데
짹짹 노래하며
주위만 맴 돈다

40여년 지난 후
추억으로 묻으려 했는데
인간사 모두가 참새들이다.

여기 모여 짹짹
저기 모여 짹짹
남 화나게 하는 건 다를 바가 없구나

* 삼태기의 강릉사투리

눈 오는 날

흰구름 먹구름 되어
한 밤인가 한 낮인가
하늘이 뚫려
하얀 가루 펑펑 쏟아진다

쏟아 붓는
하얀 세상엔
임께서 저 멀리
가물거리는 눈발 속으로
발자국 남김도 없이
환한 미소
훨훨 오심에

철부지 되어
포근한 목화솜 이불 속으로
양팔 활짝 벌리고 누워
하늘 보다 큰 그리움에
그저 눈 속에 묻혀 있네

그대만 압니다.

하늘이시어!

그대 어느 날 땅에게
서리발도 주고
무서리도 주어

꽁꽁 얼어붙는 마음이 생겼습니다.
몸도 얼은 큰 발들이 생겼습니다.

밟는 발마다 부서지는 소리
이 아픔 그대는 아십니까?

양극화가 판치는 모습도
여야與野가 주는 찬바람도 아십니까

그대만이 아는 이 아픔을
이제는 담아야 합니다.

해동이 일 듯
새싹이 움트듯

그대 뜨거운 훈풍으로 거두소서

달빛 그림자

어둠이 내리면
잔설이 남은 산은
능선이 하늘과 산평선山平線을 그리고

산마루를 밀고 올라온 달빛이
천지를 밝힌다

대낮 같은 밝음도 아니요
칠흙 같은 어둠도 아닌
은은한 달빛 따라
그림자가 함께 한다

눈 쌓인 개울에
눈 쌓이 계곡에
얼음 녹인 물소리와
그리움을 남기며 함께 한다

가는 걸음걸음
꼭 닮은 추억을 심으며

꼭 잡은 손 모양대로
꼭 안은 다정한 모습 그대로
달빛이 만든 세상이 된다

세월의 역행

하늘을 보며 푸르름에 빠질 수 있음은
땅의 흙 내음에 조국이 있음을 느낌은
그 땅에 솟아나는 새싹에 등 기댈 수 있음은
내 나라 내 민족 후손이기 때문이다.

이 땅에 내 할일 무엇이랴
이 하늘 보며 내 할일 무엇이랴
모두 가는 길 저마다 바쁘지만
한번쯤 쉬어가면 어떠하리

혹자는 말하는데
내가 나인데 네가 무슨 말을 하는가
내가 가는 길인데 네가 무엇이냐고
그래, 그 말을 어찌 세월로 묻겠는가

그 동안 내 몸 던졌는데
난 내가 없이 살고자 했는데
보상은 간데없구나
난 저 멀리 과거로 가랴

자! 이제 다시 태어나야지
보상 없는 세상에도
내가 할일 있을 텐데
내 할일 줄어짐에 안타깝구나

손

늘 있어도 있음을 모르고
늘 소중해도 소중함을 모르고
어디에 두어야 할지 모르니
주머니에 두고
뒷짐에 두었다가 싹싹 비비기도 한다

그러나 그 위대함은 영원한 것
불후의 명작을 만들고
불후의 글씨를 남기고
문명의 갈 길을 연다

들고 놓고 먹고 만듦도
쉽게 할 수 있으니 삶의 원소요
모두가 합쳐 움직이면 예술이니
삶의 원천이다

말 못하는 그들과
앞 못 보는 그들에겐 의사전달자요
현악기와 관악기를 다루는 그들에겐
소리의 창조자며
운동선수에겐 승리의 원천이다

하지만 엄청 위험하니
그 쓰임에 달렸다
어떤 땐 도둑으로
어떤 땐 강도로
어떤 땐 무기로 모든 것을 해낸다

주인의 명령대로 움직일 진대
소중함을 어이 쓸 것인가

시상詩想

하늘 푸른 저 창공
이글거리는 태양
둥실 뜬 저 달
초롱초롱 빛나는 별과
푸른 창공을 덮은 구름에게
저 넓은 대지와 산과 돌에게 묻는다

아주 작은 새싹과 풀 한 포기
졸졸 흐르는 개울
들에 핀 이름 모를 들꽃에게
저 넓은 바다와
하얀 모래사장에게 묻는다.

훨훨 비행하는 새와
늪과 숲의 미물에게 묻는다

문명이 만든 조형물과
인간
사회현상에게 묻는다

속삭이던 밀어를
큰 그릇과 작은 그릇에 담으며
이야기 속에서 맺은 인연
그 것이 새 생명의 날개 되어 훨훨 날아오를 때
인연의 마디마디가
작고 큰 또 다른 시상이 됨을 물으면서
새 생명을 만드는 것이지

신호등에서

이리저리 보지나 말지
빨간불 있어도
쪼르륵 건너간다
나만의 이득일까
저 차량 좀 보소
끼익, 빵 빵
저 소리 소름끼친다
무엇이 저리도 급하게 할까
참지 못하는 그 무엇이
겸연쩍게 한 번 씩 웃고는
뒤도 안보고 가버린다
그를 보는 저 사람
인내도 생각하며
급함도 생각하고
배려도 생각하며
사라지는 저 모습 물끄러미 본다
어디 저 사람 만이랴
한 순간 참지 못함이
돌아오지 못할 길 갈 텐데
의식 없는 인생으로 살 것을
한 순간만 참아야지
바쁜 세상을 탓하랴
무너진 인성을 탓하랴
팔자걸음 느긋한 선비는 없고
종종대는 잔걸음만 남았구나

아름다움

비할 수 없고
더할 수 없으며
감할 수 없음은

빌 공인가
중립인가

아니다.
더 이상도 더 이하도 아니기에
그 것이 더 아름다움이다

가만히
생각에 잠기면

한없이 떠오르는
신기루 같은 느낌이

전신을 전율케 하고
안개 같이 엄습하여

그리게 하고
그것만으로도 행복해 하는
그 진실이
아름다움이 아닌가

아침 지하철 20초

땅 위에서 숨통이 막혀
지하로 간 거미줄 레일
칠흙 같은 어둠속에서
철마는 나의 길로 간다

겨우 뚫린 구멍 마다
자기의 길이 있다
나가는 길
갈아타는 길
계단과 에스컬레이터

가만히 보라
에스컬레이터 그 곳을
20초가 고작인데
그 위를 걷고
그 위로 뛰고 있다

표정을 보라
무표정
잠에 취해서
바쁘다 바빠
머릿속엔 무엇 그리 많은가

오르는 계단 그 곳엔
하나 둘 뿐
무엇이 이리 만들었나

유유자적 선비가 그립다
한양천리 선비가 그립다

어머니

장작더미 큰 덩어리 머리에 이고
이 십리 길
하루 두 번
이 골목 저 골목 장터 다니시던
한 푼 더 받겠다고 종종걸음 하시던
어머님!
그 다리 무쇠였네요.
배고프면 물 배 채우시고
얽어 맨 양말
검정 고무신에 숨기시고
허리가 휘청하시던 그 모습
팔 남매 어느 손가락 하나 다칠세라
노심초사 내 희생 하셨네요.
하늘나라 그 곳엔
그 고생 없을까
나 아빠 되고
나 자식 키우며
어머니를 봅니다
환한 얼굴
엄한 얼굴
모두가 사랑입니다.
어머님
오늘 고할 일이 있습니다
팔 남매의 큰 기둥이 아파하고 있습니다

아버지가 그랬듯이
어머님이 부르시나요
아버님이 부르시나요
아직은 모르지만 곧 절망을 알 겁니다
파리한 얼굴
뼈만 남은 그 모습
고통에 비명소리 들립니다
어머님
아버님께
당신의 아픔 아들에게
대물리지 말라하시면……
형님의 고통이 간장을 다 녹입니다
어머님이 주신 둘째도 갈비뼈가 상했습니다
아버님은 혼내시겠지만
어머님 죄송합니다
며느리도 아파합니다
어머님 손발이었지요
세상사는 그런 게 아닌가 봅니다
엄마 땜에 눈물짓습니다
난 했는데 하면서요
어머님은 아시지요
그 마음을
어머니 그 곳엔 이 아픈 마음 전하지 마셔요
전생의 악연을요
어머님……

여로

초연히 살아가는
함께할 여로
난 누군가가 필요하다

난 내가 무엇인지 모르는
내가 되어
가슴을 나눌 누군가가 필요하다

가슴 저려 올 때 저린 가슴 가슴을
보듬어 줄
누군가가 필요하다

거친 사막 한가운데
혼자 있어도 외롭지 않을
그 누군가가 필요하다

무아의 경지에 들어도
누군가 때문에
깨어져 있는 내가 될
누군가가 필요하다

공허함 속에서도
가슴을 채워 줄
누군가가 필요하다
아름다움을 보고
함께 즐거워하고 행복해 할 수 있는
누군가가 필요하다

내가 먼저 하늘나라로 가면서
누군가가 있어
기쁨으로 행복해 할 내가 되어
떠날 수 있는 함께할 여로의
동반자가 필요하다

우연한 만남

어제 만났던 친구처럼
내일 또 만날 수 있는 친구처럼
우린 그렇게 만나고 헤어졌다.

그리워하고 보고 싶었던 만남이었지만
아무 것도 해줄 수도 없었고
아무 것도 받을 수도 없었다

짧은 시간 행복한 만남은
만나는 기쁨보다 헤어짐으로 인해
더욱 애잔함만 다가오고

마음속 깊이 담아두었던
오래전 실타래 한 올 한 올
이제야 풀리는 듯하다

세월의 흔적 속에
늘 ~~앞서가는 모습으로
이끌어 주고 든든한 지주 되어 있었다

기약 없는 약속이지만
오늘처럼 우연을 핑계로
필연으로 만날 수 있을까

삶 그대 사랑

길이다.
넓은 평원에 난 샛길이다
계곡에 난 오솔길이다

차마고도에 난 고행의 길이다
흙먼지가 보얗던 돌밭길이다
산등성을 넘던 고갯길이다

초가집 기와집 사이에 난 고샅길이다
빙 돌아가는 두름길이다
반듯하지 않고 굽어 있는 에움길이다

가려져 있는 뒤안길이다
조금씩 기부한 마을 바깥길이다
흙먼지가 묻지 않는 시멘트 길이다

언덕배기에 꼬불꼬불 난 계단길이다
이차선 고속도로이다
고속 전철이다

오름 길이다.
내림 길이다.
순례 길이다.

하늘 길이다.
바다 길이다.
강물 길이다.

태어나 가는 길이
살아가는 길이
엮이고 연결된 길이

그 속에 숨은 희로애락
그 속에 담긴 여정이
삶 그대 사랑이다

4

겨울 그리고 삶

나무는 잿빛으로 하얀 백설이 내리니 이 또한 좋지 아니한가?

별

초겨울 저 멀리 달빛 드리우고
별 하나 나 하나
별 둘 나 둘

반짝이는 별들이 수놓이면
산골마을 세평 반 하늘에는
별빛 물결이 인다

입 벌려 하늘 저 멀리 눈 모으면
별이 쏟아진다
별이 소낙비 된다

산골마을 하나둘 불 꺼지면
더욱더 쏟아지는 별빛에
나 친구 되고 너 친구 되어

가슴마다 별이 고여
그리운 옛 얼굴
초겨울 밤이 정겹다

설경

아침에 창문을 열 제
하늘이 구멍 나 백설이 내린다
마구 내려 하늘이 사라졌나 보다

천지는 은백색으로 수놓이고
대지는 온통 백백백…….

풍상에 끄떡없는 기암절벽도
백의를 갈아입었고

제 기상을 자랑 하는 상록수는
가지마다 솜이불을 덮었다.

거리마다 아이들은
즐거움에 들뜨고
강아지도 덩달아 뛰놀고 있다

안개

동양화 속에서
잔잔히 피어오르는 하얀꽃

백두산
한라산에 드리운 꽃

옹기종기 모인 다도해
그 바다와 섬을 감싸 안은 꽃

넌 휘익 모여왔다
휘익 사라지는 신비의 꽃

그저 산을 따라 계곡을 따라 흐르다
흐물흐물 사라지는 꽃인 줄 알았건만

산을 오르면 개임
산위에서 스르르 내려오면 비

해를 삼키고
달을 삼켜 한치 앞을 가려

그리도 일몰 일출을 기대 하였건만
휘익 나타나 세상을 삼키는 꽃

야속타
야속타
정말 야속타

오대산 기행

굽이굽이진 길 따라
첩첩이 겹친 산줄기 따라
오대천이
수천년을 그대로 흐르고
굽이진 산등성이에 선 나무들은
온통 잿빛으로 물들었다
드문드문 사이에 낀 노송들은
추위에 몸살을 앓는다
나무덩굴 아래 점점이 놓인 백설 조각에
몸은 움츠려 들고
숨 쉴 구멍만 남긴 오대천은
은빛 얼음으로 묻어버렸다.
얼음 물길 뚝 위로 굽이진
신작로는
흙먼지를 뽀얗게 날리는데
백년을 더 넘긴 잣나무들이
기로수가 되어
하늘을 숨기우고
땅은 햇살 잃은 땅거미가 되었다.
그 아래 다정함이 서린 두 아이가
발길을 옮길 때
서릿발이 부서지는 소리
낙엽이 밟히는 소리
예가 태고의 경지로구나
둑 하나를 내려서면
은빛 쟁반 같은 빙판이 펼쳐져
아해 된 그들이 끌고 당겨주는 정경이
너무도 아름답다
너무도 행복하다
바로 이것이
겨울 오대산 자락 겨울정경이로구나!

잔설

부연동 가는 고개에서
진고개 길 바라보면
햇살 머문 곳엔
푸른 소나무

햇살 멈춘 곳엔
하얀 자작나무
떡갈나무
상수리나무
오리나무
물푸레, 싸리나무

그 아래

햇살이 먹고 간
잔설이 있다.

육각진 모양이 엉키어
여기저기 옹기종기 모여 있다

세상을 온통 흰 물결로
환상을 만들고
부귀영화를 누리더니

화려함은 잠깐

햇살 피한 경사면에
살짝 남아
멀지 않은 시간을 재촉하고 있다

초가지붕

청석골 영화 세트장 초가집
그 집 보면서 난 어린 시절 본다.
짚더미에 함께 뒹굴던
반백 되었을 종태야!
아버지 이엉 엮을 때
볏짚 섬기던 누나야!
사다리 타고 어깨 위 용마루 걸머지고 오르던
저 하늘 계신 아버님
새끼줄로 촘촘히 엮으시던
이웃집 만석이 아버님
마굿간 지붕 위
영근 고지박 따 내리던 형님아!
겨울 추녀에 창 끝 같은 고드름
이제 다시 볼 수 없지만
내 꿈에 숨어 있을 줄
외 서리 옥수수 서리에
아버지의 지게 작대기 종아리 맞고
반 맨 부두자리 속
숨어 자다 흐느끼던……
이제는 올 수 없는 그 나라
아버님 난 왜 그리 철부지였나요
소여물 끓이는 가마* 속 고지박 넣고

마른 장작 솔잎 때면
고지박 파란빛 노란색 되고
형님은 톱 들고 동생 난 맞잡고
슬근슬근 톱질하던 그 부엌
형님은 암 덩어리를 얻었다.
하늘나라 가까이 가시려나
아버님이 부르시나
초가지붕 사라지듯 모두 사라지나
情 더 주고 情 더 쌓을 걸
청석골 초가집아
애달프다.
애달프다.

* 가마솥의 방언

해맞이

무자년 첫날 동이 트면서
평소와 다른 계획을 가슴에 심고
자리를 박차고 일어났다
하지 않던 새벽 운동이라
그것도 아내와 함께라니
빌 소원 있는가 보다
영하 15° 추위 대관령 바람 등에 지고
동해 바다 쪽으로 걸으며
공항다리 위 주차하고 보자 하였더니
일거양득 운동과 해맞이를 같이 함이니
추위도 두 번째라
바다가 보일 즈음 저건 뭐야
수평선에 우뚝 솟은 저 구름 산
저 위를 올라오려면 한참 늦겠군.
공항다리 위 올라 그 곳 정경은
도로인지 주차장인지
많은 사람 숲에 한자리 잡고 바다를 응시한다
사람마다 빌 소원 다를텐데
해 솟으면 저 소원 다 들어 줄까?
먹구름 위로 햇무리 일고 있는 7시 40분
먹구름 한편이 더 밝아지려 하니
알게 모르게 모두 합장을 한다.

빌기 시작한다.
소원을 이뤄 달라고
7시 47분 검은 구름도 힘없이 물러나며
쟁반 같은 큰 햇덩이가 오르고
소원도 해오름과 함께 해 속에 잠겨버렸다
한 사람 한 사람 그 자리를 뜨고
소원을 빌던 그 자리는 텅 비었다
새해가 왔다
무자년이
저 먹구름 걷히듯 밝은 빛 세상 되었으면
빌은 소원 너무 많지만 좀 들어 주었으면 좋겠다

한 장 남은 달력

슬퍼지네요.
한 장 외톨이라서

애잔하네요.
못다 한 일 많아서

한해가 가네요.
그 많은 사연 품고서

한심하네요.
또 한 살 먹어서

아쉽네요.
많은 걸 못해서

새해가 오네요.
한 장 뒤로 하면서

인생무상이라
한 장 덮고 새로 가야겠네요.

휴식

이리 저리 여기 저기
이 일 저 일 이 생각 저 생각
몸도 마음도 쉴 틈 없이
발도 바쁘고 손도 바쁘고
눈도 바쁘다
가만히 눈 감는 그 시간
일 생각으로 머리가 복잡하다
잊으려 해도 샘솟듯 밀려온다
하루를 마감하고 꿈나라로 가는 시간
꿈 속 까지 찾아와 괴롭힌다
그리 멀지 않은 삶에서
꼬리에 꼬리를 물고 찾아오는 일
좀 버렸으면
그리고 뒤돌아보아도 피곤하지 않는 삶
쉼 속에 여유와 배려가 있는데
쉼 속에 행복의 엔도르핀이 생기는데
누적된 고뇌와 생각과 일 때문에
반복되는 일상
몸도 지치고 활기도 행복도 없다
쉬자
버리자
내려놓자
마음의 평안을 갖자
안식이 주는 행복을 찾자

모래알

바닷가 모래사장
수많은 모래알
봄이면 봄마다
여름엔 여름 내내
가을엔 가을처럼
겨울엔 움츠려서
그들대로 삶을 산다
조개들도 품고 품으며
가리비도 품어 안고 살고 있으니
우리네 삶을 본다
만물의 영장인 한 사람 한 사람
삶은 알뜰살뜰 하고
가족의 정은 도란도란 하지만
몇 모이면 서로 서로가 되고
더 많이 모이면 시끌벅석 사기가 옳다니
묵언으로 정 주고 협동하는
모래알에 미치랴

바다 풍경

파도는 바람에 맡겨져
비취빛 잔물결이 일고

수평선은 거대한 원 그려놓고
모래알은 파도를 잠재운다

갈매기 몇 쌍이 바람을 역행하며
끼역끼역 노래하고

고기 잡는 어선 한 두 척
동동 떠 있다

참 아름다운 정경에 묻혀 있노라니
함께 하는 임 있다면

이 모든 정경이 내 것일텐데
바라보는 맘 외롭기 한이 없구나.

바다 소리

바람 스친 물 밀알들이
스르륵 스르륵 쏴아 소리 낸다

갯바위 다가와 치고 올라 멍든 가슴
철썩철썩 노래한다

고기잡이배들은 이리 흔들 저리 흔들
물결에 부딪혀 찰싹찰싹 매 맞는다

배 따르는 갈매기는 휙휙 선회하며
끼역끼역 먹이 달란다

밀려온 파도는 모래알 사이로
쑤욱쑤욱 잠수한다

뱃고동 소리 실은 갯바람
윙윙 울음 운다

휘파람 불며
걷는 발길 사각사각 소리 난다

꿈꾸는 바다 그대는
임 그리는 심장소리 쿵쿵 난다

아픔

가슴이 시퍼런 사슬에 묶여
움직이질 않는다
그냥 그렇다고 누르려 해도 왠지 시퍼렇다

바다의 시퍼런 물결처럼
누가 누구를 때린 것처럼
멍들어 있듯이

두근거리는 마음일랑 멍들어
가슴에 묻으려 해도
잠들지 않는다.

함께하는 이 있어
속 시원히 털어 놓는다면
잠재워 지련만은

아픔은 아픔으로 가는 것
닳고 닳아 사라지겠지
하늘 보고 땅보고 중얼 중얼

일어서라
일어서라
딛고 일어서라

삶

모든 것은 그냥 오는 것이 아니다
쇠죽은 듯 누워 있던 대추나무도
잎을 피우고 있다
잿빛 저 나무들도 연두색으로 변한다
연륜을 두고 오고 가고 있는 것이다

싱싱하던 그대도
이제 하나하나 세월을 따라 달리한다
뽀송뽀송하던 피부도
검버섯 얼굴이 되고
곧게 펴진 그 모습도 굽어만 간다

윤회라는데
까짓것 하지만 아닌가보다
병원마루에 들어서면 웬 환사가 그리 많은기
걷고 있는 그들을 보면 미래의 모습이 보인다
나이가 많고 적음에 문제가 아니다

그대가 말하던 청춘은 하나의 일장춘몽
아파보라
청춘은 순간일 뿐
저 산의 푸름 지는 것과 무엇이 다르랴
남김과 얻음 모두는 그냥 그대로 일 뿐인데

그저 한없이 채우려는 허상
이제 바로 보자
쇠죽은 듯 있다 피는 대추나무의 잎처럼
그리고 늦지만 영근 열매를 보이는 인내처럼
내 살점을 썩혀 그것으로 다시 삶을 갖는 나무처럼

또 다른 마음으로
다시 오지 못할 것 아닌
늘 인내와 충만으로 꼭 찬 삶을 만들자
그리고 뒤돌아보아도 피곤하지 않은 삶을 만들자
싱싱한 쉼 속에 여유와 배려가 있고
쉼 속에 행복의 엔도르핀이 솟아나는 삶을 만들자
누적된 고뇌와 생각과 일 때문에
반복되는 일상은
몸도 지쳐 활기도 행복도 없다
쉬자.
버리자.
내려놓자.
마음의 평안을 갖자
안식이 주는 행복을 찾자
나무들처럼
버린 것을 생명으로 연결하는 그런 삶을 만들자

신발

그대 아무 말 없이
그들의 처분대로
묵묵히 섬기며
불평도 없이
그 독한 환경 속에서
사슬 매여
사는 삶이다

그대 아낌없이
그들에게 배려하고
늘 따라 다니다
어느 날
나와 무관한 잘못으로
너와 나 의리 없는 생이별
슬픔이 되는 삶이다

인생사 그 팔자
그냥 좋아하고 불평 없이
받아지던 삶이지만
때묻은 사랑이 진국인걸
그대 빛바랜 헌신과
무조건 사랑은
가슴 따뜻한 정있는 삶이다.

경매장에서

정선 아라리 축제
다리미 경매를 보며
어릴 적 팔남매가 살던
옛 모습을 본다.

어릴 적 초가집
어릴 적 어머님
어릴 적 누님
어릴 적 우리 팔남매를

땡볕이 지고 어스름이 찾아올 무렵
비탈 밭일을 마치고
보리밥 한 그릇 게 눈 감추듯 먹은 후
조그만 방 팔남매가 옹기종기 모인 모습을

누나는 광목 이불 깃 끝을 잡고
어머니는 숯을 피운 다리미로
잘 붙들어야 한다
불똥 튈라

흰 광목은 허리를 휘고
날름거리는 불꽃

비녀 꽂은 어머니의 손길로
손 자루 달린 다리미는 왕복을 했지
꼬깃꼬깃한 이불 광목천이
신작로 되던 모습
영사기 필름 되어
과거로 돌아간다

아, 그 그림은 아직도 생생한데
난 하얀 백발 되고
누나는 할머니 되고
아쉽다. 어머님은 하늘에 계시니까

그 얼굴

하늘이 모두 한사람으로 가득하던
가는 길 오는 길
그 산도 모두 그 얼굴
두리번거려 살펴보면
어떤 이 있어
그리움이 살아 숨 쉰다.
그 그리움은 가슴속에서만 맴돌고
외출 한번 못해
애절 애틋하고 애잔하다
세월이 흐르면 깎여 닳아 없어지련만
가슴에 남아 연연히 흘러
언제 없어질지도 모르는 채
그렇게 세월이 간다.
가슴을 열어 대하련만
다가설 수 없음에
그냥 허공에
애잔함만 보낸다

그런 사람

하고픈 이야기가 많아서
말을 못하고 가슴에 묻어야 하는 그런 사람이 있습니다

말을 하지 않아도 알고 있으며
느낌만으로 알 수 있는 그런 사람이 있습니다

과거로 가고 싶어도 갈수 없어
안타까워하는 그런 사람이 있습니다

작은 행복으로 정겨워 하고
눈물을 흘리는 그런 사람들이 있습니다

함께 있어도 내내 있고 싶어서
손을 놓지 못하는 그런 사람들이 있습니다

멀리 있어도 항상 느끼며
생활이 되어 버린 그런 사람들이 있습니다

오늘도 내일도 추억을 만들어 놓고
사라질까 두려워하는 그런 사람들이 있습니다

그리움의 여로

그리움의 여로를 봅니다
그리움이 몸 뼛속까지 스밀 때
그리워서 죽을 것 같은 마음이 들겠지요.
허공에 남은 잔 조각도 줍고 싶은 조각난 마음도 있겠지요
잡지 못하기에 더욱 그리움이 커만 가서 눈덩이가 뭉치듯
가슴에 그리움의 덩어리가 쌓여만 가던
암울한 시련의 기간이 있겠지요
그 누구에게도 말하지 못할 응어리가 생기겠지요
먼 하늘만 보아도 그 하늘 아래 존재하고 있다는 자체로
행복을 느낄 수 있겠지요
비슷한 장면만 보아도 그리워서 목매이던 날들도 있겠지요.
세월이 흘러도 그리움은 그대로임을 알겠지요
어느 날 그 그리움이 현실이 되는 날도 있겠지요
미칠 것 같은 그리움이 폭발도 하겠지요
어떤 것도 줄 수 있는 마음이 존재하겠죠
어떤 것도 받을 수 있는 마음이 존재하겠죠
먼 미래를 아주 작은 소망으로 가꾸며 다시는 놓치지 않을
행복의 나날을 만들겠지요
지나친 요구도 꺾으려는 욕심도 부리지 않겠죠.
혹 오가는 상대의 마음에 물을 뿌려도
불같은 마음으로 덥혀지길 바랄 겁니다

그러니 말입니다. 저 먼 하늘에 둥둥 떠가는
구름이 생겼다 사라져 다시 보이는 것처럼
그리운 마음이 그대로길 소망하겠죠
어떻게 얻은 현실입니까
어떻게 얻은 행복입니까
미래에 아픔이 만들어 질 때
삭혀줄 수 있는 행복을 설계하겠죠
서로가 너무나 간절히 바라던 마음이겠죠
어려움도 뛰어 넘겠다는 마음이겠죠
그 무엇도 그 사이로 파고 들 수 없겠죠
그리움이 그대로이기 때문이지요.

금연

가랑잎 둘둘 말아 성냥 불 붙이면
어른 된 양 우쭐대던 어린 시절
한 모금 콜록 두 모금 콜록콜록
아버지 쌈지
몰래 조금 꺼내 형님 주면
제일 좋아하던 그 모습
종국, 순근, 진국 모두 모여
꽁초 하나에 찜했던
그 세월 뒤로 하고
30년 흡연
새해 오면 끊어야지
시도도 많이 하였건만
심심초란 이름으로
갈등 해소란 이름으로
자위하고
이제 건강이란 이름으로
금연하니
답답함으로
가라앉는 육신
잠만 오는 현상에
몰골은 형언할 수 없으니
금단현상이다.
이기지 못하면 지는 것
도로아미타불
지남이 아까워 이기자
복식호흡 하자
유혹을 막자
생각을 말자
호흡을 깊이 하면서

침묵

내가 사는 세상에 같은 것이 있을까
한날 한시의 일란성도 다른데
함께 산다는 것은 서로의 약속일 뿐
서로 보는 꽃의 향기가 다르고
만족의 표상이 다른데
바라보는 것은 참으로 다른 것이다.

가슴 깊숙한 곳의 숨바꼭질
자존은 혼돈의 정화요
그것으로서의 삶
행복과 시련은 그 향함의 정도일 뿐
불행은 가시 돋친 언어의 소용돌이다

관망으로 서로를 보면
자존심에 가시가 돋쳐 절대 숙이지 않고
꼿꼿이 서서 서슬 퍼렇게
뭐라도 잡히면 가시 침으로 찌르려 한다.
차라리 그냥 그대로 있다면
아픔은 덜 하겠지
더 이상 전진은 안하겠지

꼭 필요한 친구

어떤 말을 했을 때
그냥 즐거워하고
웃음을 건네는 사람

그가 말을 했을 때
즐겁고 미소가 생기는
그런 사람

무심결에 한 약속도
꼭 지키려
서로를 아끼는 사람

그가 날 원하면
언제나 몸과 맘이 함께 하며
아주 서슴없이 행하는 사람

예쁜 말이 건네지고
더 대화를 하고픈
가슴이 따뜻한 사람

그런 친구 한 사람쯤
있을까
정말 있을까?

도쿄 제2학교의 봄을 보며

연두색 싹이 트면
그 싹 후의 색을 못 본다
그냥 그 색만을 본다
우리가 걸어 온 발자취
가슴 가슴이 퇴적되는
그 아픔도 색깔로 남듯이
그 고달픔도 퇴적된다
아는 것은 오로지 나 뿐
목숨과 피맺힌 울음을 잊었다.

사랑이여! 그 사랑이여!
목숨을 담보로 울부짖던 45년의 한 맺힌
그 목소리도 잊었다

이제 남은 가냘픔으로 끊어지려 하나니
민족인가?
동포인가?
무엇을 위함인가?

저 넓은 대지도 잃고
저 큰 맘도 잃고
이제 남은 자존도 잊을 건가

떠나며 남은 아리랑으로
애환을 달랬건만
사랑하는 아들, 딸들을 보냈건만
화가 시린 가슴 평생 짓누르건만

세월의 샤워 속에 자꾸 씻기며.
그리 60년이 지나갔다
한과 피를 토하는 인고 끝에
오늘이 이어 왔다

이제 그만 나를 알자
또 다시 60년 전으로 간다면
그 한이 몇 배가 될 것인데

이제 마음과 마음으로
아주 작은 저 먼 곳의 이야기라도
가슴으로 받고 품어

내 것을 조금씩 버리고
더 큰 꿈 백년대계를 위하여
조금씩 주자.
네 가슴 내 가슴 조금씩 주자

그 것이 하나 될 때
우리의 삶을 갖출 것임을 모두가 안다

한으로 얼룩진 그 후예들에게
맥 이으려는 그들에게
꿈과 민족의 자존을 주어
일본이 말살하려는
도쿄 제2학교를 살리자.

등대

나 외로이 뜬 섬
오는 이 없어
오리라 기다리며
고진감래
나만의 빛으로 남았다.

하얀 물거품 받으며
어둠의 신이 되어
언제나 주기만 하면서
난 한 점의 빛으로
가느다란 희망이 되어
때론 외로워 몸부림치지만
헤쳐 지나치는 저들이 있어
혼자가 아니다.

가슴 속에 있는 또 한 사람
그이는 함께 한 삶이요
그이는 함께 한 은인이다
그이가 숨 쉬면 함께 숨 쉰다

보는 곳이 같아
같은 눈이요
외로움이 차면
동반자가 되듯

행복하려 함은
등대가 가끔씩 느끼는 행복처럼
혼자가 아니어서
서로의 빛으로 살아감이다.

마음의 관성

그것은 향하는 것
그 곳으로 가려합니다.

멈추고 싶어도
그만 두려 하여도 자꾸만 가려 합니다.

가끔은 낮추지만
높은 곳으로 가려하여

마음의 지족은
잔잔한 행복을 놓치기도 합니다.

소망한 행복의 그 날은
현재의 디딤돌이 줄 것임을 알기에

항상 충만한 즐거움이 교류되는 날
그 때는 탄성에 맡기렵니다.

약/력

- 1953년 11월 25일 강원도 강릉에서 최광규 김진남의 팔남매 (3남5여)의, 여섯째(차남)로 출생
- 시호 해몽(海夢)
- 강릉고등학교 11회 졸업
- 강릉교육대학 6회 졸업
- 관동대 교육대학원 1996.8 졸업
- 교육행정 석사
- 2006년 한국생활문학 등단 신인상
- 2009년 한국생활문학 작품상
- 2016년 한국생활문학 대상
- 한국생활문학 이사 역임
- 한국문인협회 회원
- 강릉문학회 회원
- 초등학교 교사 25년, 초등학교 교감 5년, 초등학교 교장 8년 근무
- 강릉교장협의회 회장
- 시집으로 삶 그대 사랑(2016년)
- 이메일 cjsig@hanmail.net

최종식 시집

삶 그대사랑

초판 1쇄 인쇄일 2016년 11월 30일
초판 1쇄 발행일 2016년 11월 30일

지 은 이 : 최 종 식
펴 낸 이 : 홍 명 수
편집디자인 : 장 지 혜
표지디자인 : 장 지 혜

펴 낸 곳 : 성원인쇄문화사
출판등록 : 강릉2007-5
주 수 : 강원도 강릉시 성덕포남로 188
대표전화(033)652-6375 팩스(033)651-1228
이 메 일 : 6526375@naver.com
ISBN : 978-89-94907-45-1

이 도서는 국립중앙도서관 출판시 도서목록(CIP)은 서지정보유통지원시스템 홈페이지(http://seoji.nl.go.kr)와 국가자료목록시스템(http://www.nl.go.kr/kolisnet)에서 이용할 수 있습니다.